AF250657

ACADÉMIE IMPÉRIALE DE MÉDECINE

DISCOURS

PRONONCÉ AUX

OBSÈQUES DE M. GIMELLE

AU NOM DE L'ACADÉMIE

Par M. le baron H. LARREY,

Membre de l'Académie impériale de médecine.

PARIS

J.-B. BAILLIÈRE et FILS,

LIBRAIRES DE L'ACADÉMIE IMPÉRIALE DE MÉDECINE,

Rue Hautefeuille, 19.

1865

EXTRAIT DU BULLETIN DE L'ACADÉMIE IMPÉRIALE DE MÉDECINE,
1864-1865, t XXX, p. 937 à 934.

Paris. — Imprimerie de E. MARTINET, rue Mignon, 2.

DISCOURS

PRONONCÉ AUX

OBSÈQUES DE M. GIMELLE

Messieurs, l'Académie de médecine vient de perdre, dans la personne de M. Gimelle, l'un de ses membres les plus dignes d'estime, de sympathie et de regrets.

Elle doit rendre un dernier hommage à celui qu'elle avait appelé, depuis quarante-deux ans, à l'honneur de siéger dans son sein et qui pendant de si longues années, s'était attaché à elle par les liens du devoir et de la confraternité.

Nous aurions tout d'abord, messieurs, à rechercher si celui dont nous déplorons la perte ne mériterait pas les louanges autant que les regrets de l'Académie, comme l'un de ces hommes modestes, simples, honnêtes, que la renommée délaisse de leur vivant, mais que leur caractère élève après la mort. Nous devrions alors, pour sa mémoire, invoquer la parole si autorisée de notre honorable secrétaire perpétuel ou de son éloquent assesseur. Mais ce n'est pas un éloge funèbre que nous avons à prononcer aujourd'hui, il ne s'agit que d'un souvenir d'adieu.

Voilà pourquoi, messieurs, j'ai accepté du conseil de l'Académie et de la famille de M. Gimelle la tâche plus facile de vous rappeler ce qu'il fut et d'interpréter vos regrets.

Et ce n'est pas seulement au nom de l'Académie que j'ai l'honneur de m'adresser à cette dernière assistance, c'est aussi au nom du corps de santé militaire, dont M. Gimelle avait été l'un des membres les plus recommandables, depuis l'époque des grandes guerres du premier empire, jusqu'au terme de sa carrière si bien remplie.

Le docteur Pierre-Louis Gimelle, membre titulaire de l'Académie impériale de médecine, de la Société médicale d'émulation, ancien chirurgien-major de l'armée, officier de la Légion d'honneur, etc., est né le 6 novembre 1790, à Saint-Bonnet-Alvert, département de la Corrèze. Élevé d'abord au foyer paternel, il fit ses études à l'école secondaire de Tulle. Entraîné ensuite, comme tant d'autres jeunes gens d'alors, dans la carrière militaire, il entra au service de santé de l'armée, en novembre 1808, avec le grade de chirurgien sous-aide.

Il fut reçu peu de temps après docteur en médecine à la faculté de Paris.

L'ordonnateur Partelon, dont il était le compatriote et l'allié lui portait un grand intérêt et dirigea ses premiers pas dans la carrière.

Promu aide-major, en 1812, et attaché aux ambulances de la grande armée, il fut distingué par le chirurgien en chef pendant la campagne d'Allemagne et montra le plus grand dévouement dans la campagne de France, alors surtout que nos armes avaient besoin de tous les courages et de tous les sacrifices.

Ce fut là sans doute que M. Gimelle s'inspira des grands exemples et des vives impressions de devoir qui devaient plus tard et jusque dans des temps paisibles, laisser à sa pensée de profonds souvenirs.

Ces souvenirs lui étaient d'autant plus précieux qu'ils se rattachaient à un grave événement de guerre. Le jeune chirurgien se trouvait vers la fin de la campagne de 1814, au milieu d'un convoi de blessés, lorsqu'une alerte de l'ennemi dispersa l'escorte. Le brave aide-major fait bonne contenance pour protéger les blessés, mais dans le désordre de la lutte, il fut renversé, foulé aux pieds en se heurtant contre un caisson avec tant de violence qu'il eut la mâchoire fracassée. Dégagé enfin de la mêlée, il fut transporté dans une ville voisine, et y reçut les premiers soins nécessaires à sa blessure.

Plusieurs personnes m'ont raconté, avec de justes éloges, ce trait de la vie militaire de M. Gimelle, qui n'en parlait point sans une modeste émotion.

Arriva le 18 juin 1815, et après cette fatale journée de Waterloo, alors que le chirurgien en chef de la garde, blessé, fait prisonnier, dépossédé ensuite de tout ce qu'il avait, ne pouvait même plus être utile à ses jeunes compagnons des ambulances volantes, M. Gimelle resta d'abord sans emploi. Il fit, après, un court passage à l'hôpital du Gros-Caillou ; et fut envoyé, en 1816, comme chirurgien d'un régiment de marine aux colonies de la Martinique et de la Guadeloupe, où il séjourna pendant quinze mois.

Rentré en France en 1817, et heureusement protégé par le général d'Ambrugeac, il fut attaché provisoirement, dans son ancien grade d'aide-major, aux cuirassiers de la garde et obtint bientôt, en récompense de ses services, la faveur d'être placé définitivement à l'hôpital du Gros-Caillou, sous les ordres mêmes de celui dont il avait été, en campagne, l'un des auxiliaires les plus actifs et dont il devait rester long-temps encore l'un des collaborateurs les plus reconnaissants, les plus dévoués. C'est alors et c'est là, messieurs, que dès mon enfance, j'ai appris, à mon tour, à connaître et à aimer M. Gimelle.

Il avait payé sa dette à la carrière militaire et il songeait à s'assurer une existence tranquille, sans toutefois renoncer au service ; mais il devait, pour cela, renoncer à l'avancement. Ni la guerre d'Espagne, en 1823, ni l'expédition d'Alger, en 1830, ni la campagne de Belgique, en 1832, ne tentèrent son ambition ; il préféra se faire oublier.

Lui cependant n'oublia pas ses anciens compagnons de guerre ; il était devenu l'ami d'un grand nombre d'officiers dont il fut le médecin, et il commença ainsi sa clientèle médicale, toute militaire au début, mais en tout temps désintéressée.

Il en donna maintes fois des preuves comme médecin du bureau de bienfaisance ou de charité de son arrondissement, depuis 1825, jusqu'à la fin de sa carrière.

De brillantes relations, du tact médical, une pratique sage, des succès bien acquis et quelques travaux scientifiques, avaient valu de bonne heure à M. Gimelle, l'insigne avantage d'appartenir à l'Académie, puisqu'il en fut nommé membre en 1823, dans la section de médecine.opératoire. Cette section comptait alors quelques-uns des chirurgiens les plus éminents de cette époque.

La position digne qu'il sut prendre à l'Académie, dès les premiers temps et alors qu'il était bien jeune encore, les consciencieux rapports qu'il sut faire sur divers travaux de chirurgie, ses justes appréciations des cas ou des questions difficiles à juger, l'indépendance enfin de son caractère honnête furent autant de titres à l'estime et à l'affection de ses collègues.

Nommé quelque temps auparavant membre de la Société médicale d'émulation, dont Bichat, nous le savons, avait été le plus illustre fondateur, M. Gimelle devint, en 1824, l'ur des collaborateurs de ses mémoires, et il montra pour ce travail un esprit critique aussi juste que bienveillant.

Combien de ses éminents collègues l'ont apprécié, en re cherchant même les avis de ce confrère si simple, si modeste dans son langage, qu'il hésitait souvent à démontrer une vérité, bien plus que d'autres n'hésitent quelquefois à professer une erreur.

Nommé en 1829 chevalier de la Légion d'honneur, après vingt années de services militaires, il fut promu officier de l'Ordre en 1842.

L'expérience acquise par M. Gimelle dans la pratique, lui avait fait obtenir, en décembre 1833, du ministre de la guerre, sa nomination de chirurgien-major à l'hôpital de la rue Blanche, alors succursale du Gros-Caillou.

La fermeture de cet établissement obligea notre collègue à subir d'abord la non-activité et à accepter ensuite une position provisoire dans un régiment de la garnison de Paris. Il fut placé enfin en décembre 1836, aux Invalides, où il obtint, en 1841, le grade de chirurgien-major de première classe.

Il revint en 1844 au Gros-Caillou, et je m'y retrouvai avec

lui en 1849, dans des conditions qui me permirent d'apprécier bien plus encore ses rares qualités.

Appelé en 1850 à l'état-major de la première division militaire, M. Gimelle apporta, dans les nouvelles fonctions de ce service spécial, le zèle et le dévouement qu'il montrait dans sa carrière militaire, comme aux séances académiques.

Atteint, deux ans après, par la limite d'âge, il fut mis à la retraite en février 1852, alors cependant qu'il conservait une activité réelle, infatigable.

Cette vigueur encore juvénile lui permit d'accepter, en 1855, un service de médecin requis à l'hôpital militaire du Roule. lorsque la guerre de Crimée obligea plusieurs médecins des hôpitaux de l'armée de Paris à partir pour Constantinople.

La lettre qu'il reçut l'année suivante du médecin en chef, M. Boudin, en remercîments de ses bons services, exprime pour notre collègue les sentiments d'affection qu'il avait toujours inspirés à ses camarades de l'armée, depuis le commencement jusqu'à la fin de sa carrière.

M. Gimelle était devenu à l'Académie le doyen de la section de médecine opératoire, et, à ce titre, il fut souvent délégué par le conseil comme membre du jury de concours en chirurgie auprès de la Faculté de médecine. Son jugement sûr et son caractère loyal ont contribué, dans plus d'une occasion, à faire prévaloir le mérite du candidat le plus digne. C'est un hommage de plus que nous devons, messieurs, à sa mémoire.

M. Gimelle a publié un certain nombre de travaux recommandables, dont quelques-uns même honorent son nom dans la science. Je citerai seulement les principaux, sans en faire ici l'analyse même succincte :

C'est d'abord sa thèse inaugurale, soutenue dès 1808 à la Faculté de Paris, et intitulée : *De l'influence des climats chauds et particulièrement des Antilles sur les Européens.*

C'est ensuite un mémoire bien fait *Sur la nature et le traitement de l'iritis,* ainsi qu'un autre moins connu *Sur les ossifications morbides.* (Ces deux mémoires ont été insérés en 1818 dans le *Journal universel des sciences médicales.)*

Puis un bon travail *Sur l'emploi de l'iode contre le goître et les affections scrofuleuses*, publié en 1821 dans les *Mémoires de la Société médicale d'émulation.*

Enfin, un travail généralement apprécié *Sur l'emploi de l'émétique, à doses élevées et croissantes, contre les épanchements de synovie dans les articulations ou hydarthroses.* (Ce mémoire est inséré dans le tome V, page 344 du *Bulletin de l'Académie de médecine.*)

Ajoutons différents rapports à l'Académie, sur des travaux de pathologie chirurgicale ou de médecine opératoire, travaux auxquels se rattachent les mémorables candidatures de Blandin, de Gerdy et de Robert (1).

(1) *Rapports sur :* E. Peraire, *Du kélotome et de la sonde tranchante employés dans l'opération de la hernie inguinale étranglée* (*Bulletin de l'Académie*, 5 mars 1839, t. III, p. 606). — Chrétien, *Observation de la ligature suivie de résection d'un polype utérin* (*Ibid.*, 4 juin 1839, t. III, p. 953). —Jobert, *De la cystocèle vaginale opérée par un nouveau procédé* (*Ibid.*, 4 avril 1840, t. V, p. 172). — A. H. A. d'Auvergne, *Nouvel appareil pour les fractures des membres inférieurs, spécialement destiné aux médecins de campagne, et examen critique des principaux appareils connus.* (*Ibid.*, 15 mars 1842, t. VII, p. 556). — Ricord, *Observation de fracture comminutive avec gangrène partielle de la jambe, résection d'une portion du tibia* (*Ibid.*, 23 mai 1843, t. VIII, p. 941). — A. Robert, *Mémoire sur les fractures du col du fémur accompagnées de pénétration dans le tissu spongieux du trochanter* (*Ibid.*, 26 novembre 1844, t. X, p. 322, 355). — A. Loreau, *Des fractures du col du fémur.* (*Ibid.*, 7 janvier 1845, t. X, p. 258). — A. Hamel, *Note sur un nouveau procédé pour l'ablation d'un polype utérin.* (*Ibid.*, 4 avril 1848, t. XIII, p. 893). — Abeille, *Anévrysme de la sous-clavière gauche opéré et guéri par l'électropuncture. Expérience sur les artères d'animaux vivants* (*Ibid.*, 9 avril 1850, t. XV, p. 572). — Hutin, *Mémoire sur la nécessité d'extraire les corps étrangers et les esquilles dans le traitement des plaies par armes à feu* (*Ibid.*, 18 mars 1851, t. XVI, p. 624). — Baudens, *Ablation de l'os maxillaire supérieur gauche, d'une partie du maxillaire droit, de tout le vomer, des cornets, d'une partie de l'os malaire et de la face nasale de l'ethmoïde* (*Ibid.*, 9 septembre 1851, t. XVI, p. 1212). — Bertherand, *Ablation du maxillaire supérieur droit, des os palatin, unguis et malaire, des cornets, de l'apophyse du même côté, et de la portion palatine du maxillaire gauche* (*Ibid.*, 9 septembre 1851, t. XVI,

Permettez-moi, messieurs, de joindre à la suite deux rapports pleins de bienveillance de M. Gimelle, sur des mémoires que j'avais eu l'honneur de lire à l'Académie, l'un *Sur l'adénite cervicale observée dans les hôpitaux militaires et sur l'extirpation des tumeurs ganglionnaires du cou* (1), et l'autre *Sur les plaies pénétrantes de l'abdomen, avec hernie de l'épiploon* (2).

Différentes discussions enfin attestent l'esprit de critique aussi juste qu'indulgent dont il était doué. Il a même fait preuve d'une grande élévation de pensée sur l'importante question du vitalisme, alors que notre savant collègue et ami, M. Poggiale, faisait la part de l'expérience et de l'analyse chimique dans la formation de certains liquides organiques.

M. Gimelle faisait partie de diverses commissions et montrait dans toutes la plus scrupuleuse exactitude et cette conscience du devoir qui caractérisait son mérite. Arrivé l'un des premiers à chaque séance, il ne sortait que l'un des derniers de cette enceinte, après y avoir apporté la tenue, l'attention et la réserve d'un auditeur ou d'un assistant.

Ce fut à de telles qualités qu'il dut les suffrages de l'Académie, pour remplacer en 1855, comme trésorier, le respectable M. Patissier, qui a laissé aussi de si bons souvenirs parmi nous.

Soumis à la réélection en 1860, M. Gimelle fut acclamé, en recevant ainsi de tous ses collègues le seul témoignage qu'ils pussent lui donner de leur estime et de leur confiance.

Semblable honneur lui eût été conféré de noûveau, sans doute, aux élections de cette année si, par une fatale coïnci-

---

p. 1218). — Hutin, *Observation de lésion traumatique du sinus longitudinal.* (*Ibid.*, 23 mars 1853, t. XVIII, p. 539). — Devilliers, *Tableau statistique du service médical du chemin de fer de Paris à Lyon.* (*Ibid.*, 13 mai 1856, t. XXI, p. 749 et 1096).

Discussion : Sur les kystes ovariques. (*Bulletin de l'Académie*, 28 octobre 1856, t. XXII, p. 73). — *Sur le perchlorure de fer.* (*Ibid.*, 3 juillet 1860, t. XXV, p. 816.

(1) *Bulletin de l'Académie de médecine*, 1850, t. XV, p. 619.

(2) *Ibid.*, 1840, t. V, p. 459.

dence, alors que notre illustre président, M. Malgaigne, s'affaissait sur son fauteuil comme privé de vie et de sentiment, notre digne trésorier n'eût subi vers le même temps les funestes effets d'un mal qui, en se renouvelant, devait le faire succomber bientôt.

L'Académie a dû pourvoir à son remplacement. Afin de ménager les forces toujours vives du candidat le plus ancien, elle a nommé le plus jeune comme digne aussi, messieurs, de partager avec lui vos suffrages et de s'inspirer des traditions encore vivantes de son prédécesseur.

M. Gimelle savait, en effet, apporter dans la gestion du budget de l'Académie cet esprit d'ordre, d'économie et de comptabilité qui sauvegarde la plus petite fortune et fait honneur aux plus considérables. Son plus vif chagrin eût été de faillir à sa mission, et il a eu d'autant plus de mérite à l'accomplir dignement jusqu'à la fin, que les ressources financières de l'Académie sont loin de s'élever à la hauteur de son rang, de son influence et de sa renommée dans les régions de la science.

La fatale maladie à laquelle notre regrettable trésorier vient de succomber, à soixante-quatorze ans, s'était manifestée au mois d'août de l'année dernière pendant un voyage de M. Gimelle dans le Midi. Deux ou trois atteintes de congestion cérébrale avaient même précédé celle-là, qui fut plus violente. Il avait été un jour, par exemple, pris d'étourdissements et de défaillance en sortant de l'Académie avec notre honorable collègue, M. Laugier, qui s'empressa de le reconduire à son domicile.

Ayant perdu sa femme depuis quelques années, il était séparé de ses deux fils, dont l'un, docteur-médecin, semblait exilé pour lui en Cochinchine; l'autre, magistrat distingué, ne pouvait quitter sa résidence en province. M. Gimelle se trouvait ainsi dans le plus pénible isolement. Il perdait la vue de jour en jour, et, quoique sa démarche si ferme, si agile naguère, fût devenue faible et chancelante, il rencontrait un appui fidèle et des soins assidus dans l'un de nos jeunes confrères de la marine, les plus recommandables au souvenir de l'Académie. Que M. Le Roy de Méricourt me permette de ne pas taire ici son nom, puisque, pendant près d'une année, il a montré un dévouement filial à notre regretté collègue.

M. Gimelle assistait encore à la séance précédant celle où nous fut annoncée sa mort, survenue le lundi 19 juin.

L'Académie perd en lui, messieurs, non un savant ou un professeur illustre, non un orateur éminent, non plus qu'un auteur classique ou un écrivain fécond, mais un praticien expérimenté, sage, modeste et consciencieux, l'Académie perd surtout en lui un serviteur du devoir et un homme de bien.

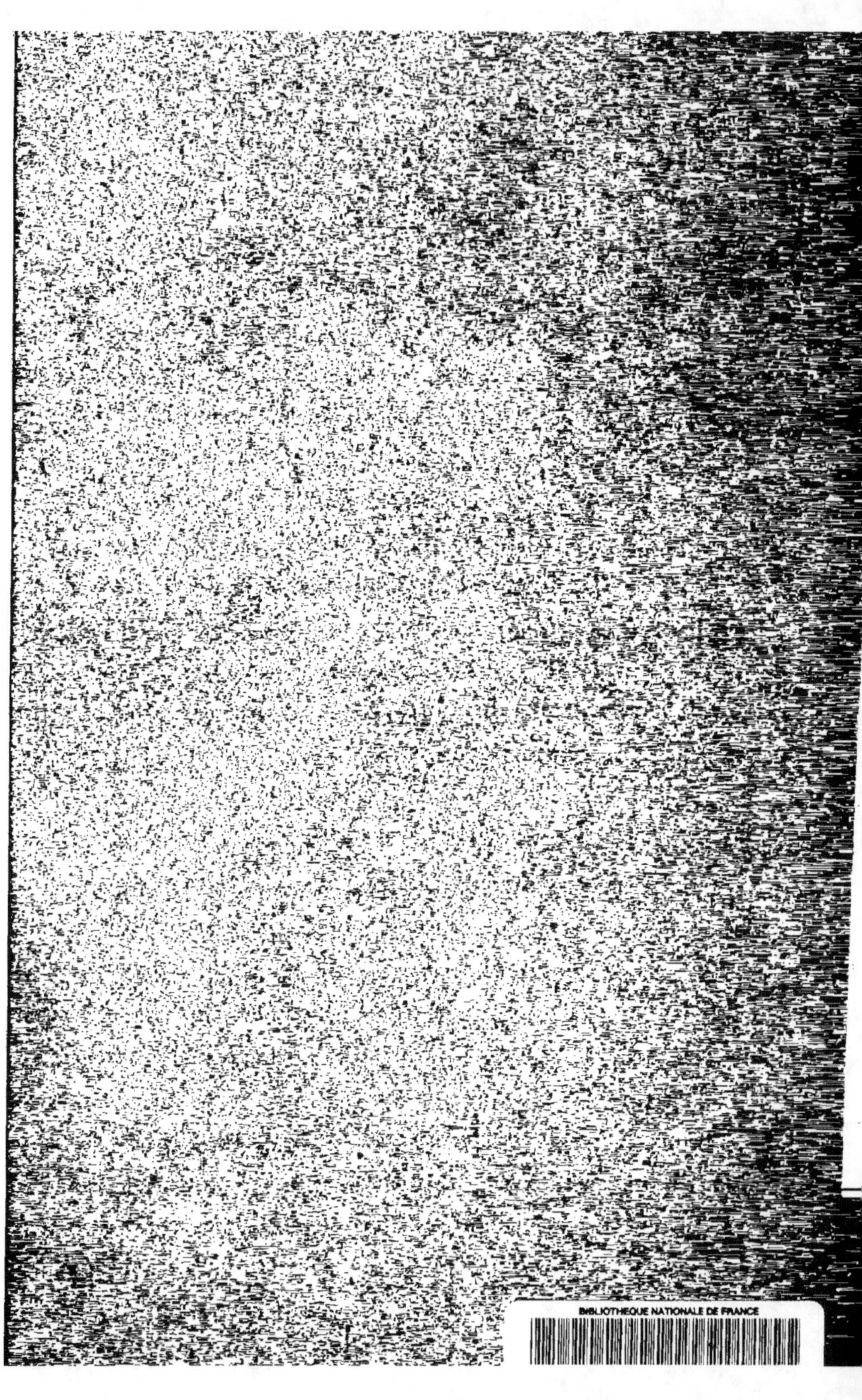